Ralf Kitz

IT-Revision. Aktueller Diskussionsstand, Rahmenwerke und Nutzenbetrachtung

GRIN Verlag

Bibliografische Information der Deutschen Nationalbibliothek:

Die Deutsche Bibliothek verzeichnet diese Publikation in der Deutschen National-
bibliografie; detaillierte bibliografische Daten sind im Internet über http://dnb.d-
nb.de/ abrufbar.

Impressum:

Copyright © 2013 GRIN Verlag, Open Publishing GmbH
Druck und Bindung: Books on Demand GmbH, Norderstedt Germany
ISBN: 978-3-656-59289-1

Dieses Buch bei GRIN:

http://www.grin.com/de/e-book/268274/it-revision-aktueller-diskussionsstand-rah-
menwerke-und-nutzenbetrachtung

GRIN - Your knowledge has value

Der GRIN Verlag publiziert seit 1998 wissenschaftliche Arbeiten von Studenten, Hochschullehrern und anderen Akademikern als eBook und gedrucktes Buch. Die Verlagswebsite www.grin.com ist die ideale Plattform zur Veröffentlichung von Hausarbeiten, Abschlussarbeiten, wissenschaftlichen Aufsätzen, Dissertationen und Fachbüchern.

Besuchen Sie uns im Internet:

http://www.grin.com/

http://www.facebook.com/grincom

http://www.twitter.com/grin_com

Fernuniversität Hagen

Fakultät für Wirtschaftswissenschaft

Lehrstuhl für Betriebswirtschaftslehre,
insbesondere Entwicklung von Informationssystemen

Seminararbeit zum Thema

IT Revision

Seminar: Seminar Wirtschaftsinformatik

Name: Dipl.-Inf. (FH) Ralf Kitz, MBA

Inhaltsverzeichnis

Abbildungsverzeichnis

Tabellenverzeichnis

1 Einleitung

1.1 Darstellung zentraler Forschungsfragen

Der Begriff der Revision wird synonym mit dem Begriff der Prüfung verwendet[1]. Prüfung ist ein „von einer natürlichen Person (Prüfer) durchzuführender Überwachungsprozess (Überwachung), bei dem Tatbestände, Sachverhalte, Eigenschaften oder Aussagen über diese (Istobjekte) mit geeigneten Bezugsgrößen (Sollobjekten) verglichen und eventuelle Abweichungen beurteilt werden"[2].

Die Informationstechnik (IT)-Revision als Erkenntnisgegenstand entstammt der Betriebswirtschaft, insbesondere dem betriebswirtschaftlichen Fach Revisions- und Treuhandwesen (kurz: Prüfungswesen)[3]. Mit zunehmender Bedeutung der IT als kritischem Erfolgsfaktor für Unternehmen und deren steigender Komplexität wurde sie ein zunehmend selbständigerer Teil des Prüfungswesens[4].

Auf diesen Geltungszuwachs Bezug nehmend wird in der Literatur diskutiert, ob die IT-Revision ein eigenständiger Teil der Wirtschaftsprüfung ist (vgl. Sowa 2007 und Knoll 2013), oder ob es sich lediglich um den informationstechnischen Teil der kaufmännischen Revision handelt (vgl. Praxis der Internen Revision 2012, S. 27, sowie Lohre 2009).

Senft[5] argumentiert, dass zunächst fachlich spezialisierte IT-Prüfer den Jahresabschluss-Prüfern zuarbeiteten, bis sich die IT-Revision zur eigenständigen Disziplin entwickelte: „IT auditing is a profession with conduct, aims, and qualities that are characterized by worldwide standards, an ethical set of rules (Information Systems Audit and Control Association [ISACA] Code of Ethics), and a professional certification program (Certified Information System Auditor [CISA])" (Senft 2013, S. 4).

Über die der IT-Revision zugrunde liegenden Bezugsgrößen gibt es je nach Betrachtungswinkel – überwiegend betriebswirtschaftlich oder überwiegend informatorisch – ebenfalls deutliche Unterschiede. Berwanger[6] fokussiert die betriebswirtschaftliche Sicht und sieht die Korrektheit buchhalterischer Anwendungssysteme als Prüfungsobjekt, z.B. in Form

---

[1] Definition » Revision « | Gabler Wirtschaftslexikon
[2] Definition » Prüfung « | Gabler Wirtschaftslexikon
[3] Heinrich und Stelzer 2009, S. 220
[4] Knoll 2013, S. 23, und Fröschle 2006, S. 31
[5] Senft 2013, S. 4
[6] Berwanger und Kullmann 2012, S. 46

der „Grundsätze ordnungsmäßiger DV-gestützter Buchführungssysteme" (GoBS).
Dementgegen ist das Prüfungsziel in Heinrich[7] sehr viel weiter gefasst: Ziel ist die Prüfung auf „Einhaltung anwendungsspezifischer unternehmensexterner [...] und unternehmensinterner Regeln der IT" (ebenda), deren „Wirtschaftlichkeit, Schutz und Sicherheit" (ebenda) sowie die Revision des weiteren IT-Umfelds.

Die Relevanz der IT-Revision leitet sich von der Bedeutung der zugrunde liegenden Istobjekte für die Unternehmen ab: die weitgehende Unterstützung nahezu aller Unternehmensprozesse durch die IT führt dazu, dass das Schadenspotential im Falle von Nichtverfügbarkeit oder böswilliger, ggf. unbemerkter Manipulation nicht vernachlässigt werden darf (vgl. IT Governance Institute 2004). Doch nicht nur der potentielle Schaden aus bestehender Infrastruktur, sondern auch der durch ungenügende oder unterlassene Weiterentwicklung muss als Risiko für das Unternehmen und dessen Wettbewerbsfähigkeit berücksichtigt werden[8]. Überprüfung, Bewertung und Einordnung dieser Risiken ist Aufgabe der IT-Revision, der hierzu eine Vielzahl von nationalen und internationalen Gesetzen (Sarbanes-Oxley-Act, KonTraG, u.v.a.), Richtlinien (z.B. die 8. EU Audit-Richtlinie) und Standards (u.a. COBIT[®9]) anhand gegeben werden[10].

---

[7] Heinrich und Stelzer 2009, S. 220
[8] Ferstl 2005, S. 63
[9] Controlled Objectives for IT and Related Technologies
[10] Schirmbrand 2012

1.2 Ziele und Aufbau der Arbeit

Ziel der vorliegenden Arbeit ist es, einen Überblick über das Themengebiet IT-Revision zu geben, wobei die organisatorische Eingliederung, die rechtlichen Grundlagen und die verschiedenen Leitfäden zur Umsetzung der zugrunde liegenden IT-Governance beleuchtet werden sollen. Zum Zeitpunkt dieser Seminararbeit ist die Zahl wirklich unabhängiger Literatur zu diesem Thema eher begrenzt, die meiste Literatur wurde von Mitgliedern von Wirtschaftsprüfungsgesellschaften oder anderen Interessensgemeinschaften der IT-Governance herausgegeben. Wissenschaftlich scheint dem Thema IT-Revision bislang nur eingeschränkt Beachtung geschenkt worden zu sein.

Die Einordnung verschiedener in der Fachliteratur synonym verwendeter Begriffe sowie ein kurzer Überblick über die gesetzlichen und normativen Rahmenbedingungen bilden den Ausgangspunkt des zweiten Kapitels.

Die Eingliederung der IT-Revision in das Unternehmen, sowie das Wirken der IT-Revision auf die Unternehmensprozesse wird im dritten Kapitel beleuchtet. Zentrale Fragestellungen sind, inwiefern der Bedeutung der IT-Revision in der Praxis durch adäquate organisatorische Eingliederung Rechnung getragen wird, und wie die IT-Revision auf abstrakter Ebene auf die Geschäftsprozesse eines Unternehmens wirkt.

Die rechtlichen Anforderungen, die im Rahmen von Audits der IT-Revision betrachtet werden können, werden in Kapitel 4 näher erläutert.

Im fünften Kapitel werden zwei Leitfäden zur Umsetzung von IT-Governance als Prüfobjekt der IT-Revision vorgestellt, näher erläutert und zueinander in Bezug gesetzt. Dabei wird diskutiert, welche Aufgaben, Ziele und Standpunkte diese Modelle vertreten und welche Differenzierungsmerkmale für die verschiedenen Herangehensweisen existieren.

Im sechsten Kapitel erfolgt ein kurzer Überblick über Kosten und Nutzen von IT-Revision, dem im siebten Kapitel eine abschließende Betrachtung der gewonnenen Erkenntnisse folgt.

2 Begriffserläuterungen und Abgrenzungen

2.1 IT-Assurance

Während sich die IT-Prüfung auf Konformität zu Gesetzen und Vorschriften bezieht und meist deutlich reglementiert ist, ist die IT-Assurance als Prüfungsverfahren wesentlich breiter gefasst und kann „frei definiert und gestaltet werden" (Knoll 2013, S. 11). Dieser Definition folgt ebenfalls die ISACA (IT assurance guide 2007) und beschreibt die zugrunde liegenden Voraussetzungen einer Assurance-Initiative wie folgt:

Abbildung 1: Voraussetzungen einer Assurance-Initiative (übersetzt; IT assurance guide 2007, S. 17)

Das Ziel der Assurance ist, die Umsetzung eines Themas zu messen oder zu evaluieren[11]. Die Abgrenzung von „Assurance" zum Term „Audit" sieht der IT Assurance Guide der ISACA (ebenda) darin, dass Assurance weiter gefasst ist, als dies bei internen oder externen Audits sonst der Fall wäre.

2.2 IT-Revision, IT-Audit und IT-Prüfung

Die IT-Revision ist organisatorisch ein Teil der Internen Revision, einer Organisationseinheit eines Unternehmens, deren Aufgaben von Brand, Knoll und Schmitt wie folgt umrissen werden[12]:

1. Zu gewährleisten, dass gesetzliche und normative Bestimmungen eingehalten werden, um das Unternehmen vor sich daraus ergebenden Sanktionen zu schützen (i.d.R. Geld- oder Freiheitsstrafen).

2. Ein geeignetes Risiko- und Sicherheitsmanagement zu schaffen, welches das Unternehmen vor Schäden durch nicht ordnungsgemäßen IT-Gebrauch (Datendiebstahl, Datenverlust, u.v.a.) schützt; ebenso Identifikation dieser Risiken und ökonomischer Ineffizienzen.

3. Zu prüfen, ob Ansprüchen von Außenstehenden (z.B. Datenschutz) auf geeignete Weise nachgekommen wird und ob deren Verpflichtungen durch Verträge nicht zum inakzeptablen Nachteil des Unternehmens sichergestellt sind.

---

[11] IT assurance guide 2007, S. 17
[12] Schmidt und Brand 2011, S. 4-7 sowie Knoll 2013, S. 118 (sehr stark an Schmidt orientiert)

4. Überprüfung des internen Kontrollsystems (IKS) auf Eignung zur Risikokontrolle.

5. Unterstützung des Top-Managements durch Risikobewertung, Schwachstellenanalyse und Handlungsempfehlungen

IT-Revision als Prozess (nicht als Organisationseinheit) wird wie eingangs bereits erläutert als Synonym zum IT-Audit verstanden. IT-Audit, IS[13]-Audit und IT-Prüfung werden ebenfalls wortgleich verwendet[14].

Während IT-Controlling eine „permanente Aufgabenstellung" (Sowa 2007) ist, ist die IT-Revision im Rahmen von Prüfungsaufgaben zeitlich begrenzt auf einen ausgewählten Sachverhalt beschränkt.

2.3 IT-Governance und IT-Controlling

IT-Governance ist Aufgabe und Verantwortung der Unternehmensführung[15] und besteht aus „Führung, Organisationsstrukturen und Prozessen"[16] die sicherstellen sollen, dass die IT die Unternehmensziele unterstützt. Hierzu sollen Leitlinien für Entscheidungsbefugnisse und Verantwortlichkeiten festgelegt werden, um die Nutzung der IT für den angestrebten Zweck zu gewährleisten[17].

Junker et al. (2010, S. 28) sehen IT-Controlling als den Teil der IT-Governance, der sicherstellt, dass die IT-Unternehmensziele unter Berücksichtigung ökonomischer Gesichtspunkte (Kosten/Nutzen) unterstützt. IT-Controlling unterstützt das IT-Management durch Schaffung notwendiger Transparenz zur Entscheidungsunterstützung[18].

---

[13] Informationssystem
[14] Knoll 2013, S. 118
[15] COBIT®® 4.1 2007, S. 5
[16] Krcmar 2011, S. 147
[17] Weill und Woodham 2002, S. 1
[18] Kütz 2007, S. 7

3 Organisatorische Sicht der IT-Revision

Die Anforderungen an die IT-Revision steigen mit zunehmendem Beitrag der IT zum Unternehmenserfolg und deren Anteil an den Unternehmensprozessen[19]. Als zukünftige Herausforderungen werden hier gesehen:

1. Wirtschaftskriminalität mit IT-Bezug (IT-Fraud) – Vorbeugung und Verfolgung
2. Datenschutz und Informationssicherheit (IT-Security)
3. Mitarbeiterqualifikation in der IT-Revision
4. Stärkerer Fokus auf projektbegleitende Revision

(Vgl. Knoll 2013 und Praxis der Internen Revision 2012)

Diese steigenden Herausforderungen sowie die Bedeutung der Internen Revision für das Unternehmen haben zur Folge, dass die organisatorische Eingliederung der IT-Revision eine zunehmend größere Rolle spielt[20].

Die IT-Revision wird als Teilbereich der Internen Revision (oder „Internal Audit" im angloamerikanischen Sprachraum) gesehen[21], da die wesentliche Funktion in der Prüfung der ordnungsgemäßen Finanzberichterstattung im Allgemeinen und den Prüf- und Berichtspflichten des Jahresabschlusses im Speziellen liegen. Die Interne Revision bildet keine typische abgegrenzte Unternehmensfunktion wie Einkauf, Buchhaltung oder Vertrieb, sondern sollte als Stabstelle an den Aufsichtsrat berichten (Pflicht für Sarbanes-Oxley-pflichtige Unternehmen), kann aber eine indirekte Berichtsfunktion an den (Finanz-) Vorstand haben[22].

Wie eingangs dargelegt, sind die Prüfungsaufgaben der Internen Revision und somit auch der IT-Revision sehr breit gefächert, da potentielle und bestehende Risiken, die den Unternehmenserfolg beeinträchtigen können, in allen Unternehmensprozessen und -funktionen auftreten können.

Folglich ist die Interne Revision und somit auch die IT-Revision ein unterstützender Unternehmensprozess, der sämtliche anderen Prozesse auf deren Compliance hin kontinuierlich überprüft, bewertet und verbessert. Angewandt auf Porters System der Wertschöpfungskette (Porter 1985) ergibt sich folgendes Schaubild:

---

[19] Knoll 2013, S. 28/29
[20] Adler 2009
[21] Knoll 2013, S. 28/29
[22] Moeller 2013, S. 324

Abbildung 2: Zusammenhang zwischen Internal Audit, IT-Revision und den Unternehmensprozessen (basierend auf Michael Porters Value Chain, Porter 1985)

4   Rechtliche Grundlagen zur IT-Revision

Folgenreiche Skandale in Rechnungslegung und der Finanzwirtschaft (v.a. Enron, Worldcom) trugen im Jahr 2001 maßgeblich zur Einführung des Sarbanes-Oxley-Acts (SOA), einem US-Amerikanischen Gesetz zur Kontrolle und Verbesserung der Finanzberichterstattung, bei[23].

Zu seiner erheblichen internationalen Bedeutung gelangte SOA bei seiner Einführung dadurch, dass es als US-Amerikanisches Gesetz nicht nur für alle in den USA börsennotierten Unternehmen gilt, sondern auch für solche, deren Wertpapiere in den USA gehandelt oder zum Kauf angeboten werden[24].

Die Herleitung und Bedeutung des SOA für die IT-Revision ergibt sich aus folgenden drei Abschnitten:

1. Abschnitt 302: Aufbau und Wartung eines Systems für interne Kontrollen des Finanzsystems[25],

2. Abschnitt 404: Einführung eines IKS sowie eidesstattliche Wirksamkeitsbestätigung durch die Geschäftsleitung,

3. Abschnitt 906: Androhung persönlicher strafrechtliche Konsequenzen (Geld- und Gefängnisstrafen) für CEO[26] und CFO[27].

Da insbesondere im Finanzbereich Softwaresysteme eingesetzt werden, werden dort umfangreiche Anforderungen an Sicherheit, Korrektheit und Zuverlässigkeit gestellt, die es im Rahmen der IT-Revision zu prüfen gilt.

Neben dem SOA gibt es eine Vielzahl internationaler (z.B. Basel II) und nationaler Gesetze, die die Durchführung von IT-Kontrollen vorschreiben. In Deutschland entstammen diese Anforderungen an die IT-Revision dem Finanzbereich z.B.[28]: dem „Gesetz zur Kontrolle und Transparenz im Unternehmensbereich (KonTraG)" oder dem „Bilanzmodernisierungsgesetz (BilMoG)".

Keines dieser Gesetze regelt jedoch die detaillierten Anforderungen an die IT-Revision[29], so dass es zur IT-Governance eine Vielzahl an Leitfäden zur Prozessgestaltung (u.a. die

---

[23] Moeller 2010
[24] Fröhlich-Bleuler 2007
[25] In der deutschsprachigen Fachliteratur zumeist als „Internes Kontrollsystem (IKS)" bezeichnet
[26] Chief Executive Officer: Geschäftsführer, Vorstandsvorsitzender
[27] Chief Financial Officer: Finanzchef
[28] Knoll 2013
[29] Knoll 2013, S. 11

„Information Technology Infrastructure Library, ITIL® [30]), zu IT-Prozess-Aufgaben und Steuerungsvorgaben (z.B. COBIT®[31]) oder zur IT-Prüfung gibt.

Die IT-Prüfung ist fester Bestandteil der unternehmerischen Jahresabschlussprüfung durch die Wirtschaftsprüfer, deren Berufsverband, das Institut der Wirtschaftsprüfer e.V. (IDW), mangels Alternativen eigene Standards entwickelt hat.

Die weiter gefassten rechtlichen Anforderungen an die IT-Revision sind dem breiten Einsatz der IT im Unternehmen in entsprechend vielfältigen Rechtsbereichen, wie unter anderem dem Datenschutz-, Gesellschafts-, Straf-, Urheber-, Wettbewerbs-, Gewerbe-, Vergabe-, Arbeitsrecht zu finden[32].

Mit Hilfe regelmäßiger Audits (oft synonym: Prüfungen, Revisionen) prüft die IT-Revision deren Einhaltung. Dies betrifft die Umsetzung auf prozessualer Ebene (Arbeitsanweisungen, Checklisten) sowie deren Befolgung in der Praxis durch Prüfung geeigneter Nachweise.

Eine kleine Auswahl verschiedener Regeln und Gesetze, deren Einhaltung geprüft werden kann, bietet die folgende Tabelle:

Name	Geltungs-bereich	Beschreibung
Mit Fokus auf Rechnungslegung und deren IT-Unterstützung		
KonTraG[33]	Deutschland	Gesetz mit dem Ziel der Erweiterung der Corporate Governance (CG). Fordert Aufbau, Kontrolle und Bericht über ein Risikoüberwachungssystem zur Früherkennung das Unternehmen gefährdender Entwicklungen. Erweiterte Haftungsregelungen für Vorstand, Aufsichtsrat und Wirtschaftsprüfer. Mögliche Risiken müssen im Lagebericht des Unternehmens dargestellt werden.
SOA	USA	Gesetz zur Erweiterung der CG. Fordert Aufbau, Kontrolle und Bericht über ein IKS für die Rechnungslegung, für dessen Effektivität das Management stärker als bisher haftet. Regelungen zur verschärften und unabhängigen Wirtschaftsprüfung. Erweiterte Offenlegungspflichten,

---

[30] ITIL und IT Infrastructure Library sind eingetragene Warenzeichen des Cabinet Office.
[31] COBIT® ist ein eingetragenes Warenzeichen der Information Systems Audit and Control Association
[32] Reinhard et al. 2009
[33] KonTraG: Gesetz zur Kontrolle und Transparenz im Unternehmensbereich

		insbesondere in Bezug auf das IKS. Die IT-bezogenen Themen sind vorwiegend in „Section 404" zu finden und sind vom, durch den SOA geschaffenen, PCAOB[34] in den Audit Standards (AS) 2 und 5 zusammengefasst worden.
IAS[35]	Europa	Verordnung der EU und damit nationales Recht zu Rechnungslegungsvorschriften für Unternehmen.
IDW RS[36] FAIT[37] 1	Deutschland	Regelungen zu den Grundsätzen ordnungsgemäßer Buchführung bei dem Einsatz von Informationstechnologie.
IDW PS[38] 330	Deutschland	Regeln zur IT-Systemprüfung auf Ordnungsmäßigkeit und Sicherheit durch die Wirtschaftsprüfer, herausgegeben durch den Fachausschuss der Informationstechnologie des IDW. Teile des Standards entsprechen dem alten Standard ISA[39] 401[40]. Er ersetzt FAMA[41] 1/1987.
SAS[42] 55 und 70	USA	Standard der AICPA[43] zur Kontrolle der IT im Hinblick auf das IKS nach SOA, sowie des Einflusses von IT auf das IKS. SAS 70 betrifft die Prüfung des IKS, wenn Teile davon an Serviceorganisationen ausgelagert sind.
Mit Fokus auf Sicherheitsrelevante Aspekte		
BDSG[44]	Deutschland	Gesetz mit Regelungen zum Umgang mit persönlichen Informationen
Signaturgesetz	Deutschland	Gesetz zur Gleichstellung digitaler Signaturen mit eigenhändigen Unterschriften.
ISO® 17799	Europa	Internationaler Standard für die Sicherheit von Unternehmensinformationen

---

[34] Public Company Accounting Oversight Board
[35] International Accounting Standard
[36] Institut Deutscher Wirtschaftsprüfer, Stellungnahme zur Rechnungslegung
[37] Fachausschuss für Informationstechnologie
[38] Prüfungsstandard
[39] International Standard on Auditing
[40] Schirmbrand 2004, S. 57
[41] Fachausschuss für moderne Abrechnungssysteme
[42] Statement on Accounting Standards
[43] American Institute of Certified Public Accountants
[44] Bundesdatenschutzgesetz

IT-Grundschutz-Kataloge	Deutschland	Ehemals IT-Grundschutzhandbuch. Ein vom Bundesamt für die Sicherheit in der Informationstechnik herausgegebenes Sammelwerk von Dokumenten zur Identifikation und Behebung von Schwachstellen in Bezug auf IT-Sicherheit.

Tabelle 1: Auswahl von Gesetzen und Normen für die IT-Revision (angelehnt an Fröschle 2006, S. 11)

Die genannten Regeln sind zwar nicht gesetzlich verpflichtend, allerdings haben diese „'gesetzlichen Normcharakter', da die Einhaltung dieser zB (sic) für Wirtschaftsprüfer verbindlich ist und bei Nichteinhaltung der Standards durch Unternehmen jene für ihren Jahresabschluss vom jeweiligen Wirtschaftsprüfer kein uneingeschränktes Testat erhalten würden"[45].

US-Amerikanische Standards dienen häufig als Vorbild für andere Länder, insbesondere in Europa, so dass mitunter Regelungen übernommen oder adaptiert werden[46]. Dies führt dazu, dass Standards oft wortgetreu oder als Übersetzung übernommen werden (z.b. IDW PS 330 und ISA 401 oder aber SOX AS5 und ISA).

5 Leitfäden zur Umsetzung rechtlicher Anforderungen

5.1 Überblick

Die Vielzahl rechtlich verpflichtender Anforderungen an die IT führte zur Entwicklung verschiedener Leitfäden („best practices") als Unterstützung bei deren praktischer Umsetzung.

Name	Fokus	Gibt Prozesse vor	Gibt Prüfziele für Prozesse vor	Gibt Empfehlungen zur Prozess-verbesserung	Beschreibung / Ziel
CMMI[47]	Prozess-reife			X	Reifegradmodell für Unternehmensprozesse
COBIT®	ITG[48]		X		Ordnungsgemäßer IT-Einsatz
COSO[49]	CG		X		Ordnungsgemäße Finanzberichterstattung

---

[45] Schirmbrand 2004, S. 9
[46] Schirmbrand 2004, S. 73
[47] Capability Maturity Model Integration
[48] IT-Governance
[49] Committee of Sponsoring the Treadway Commission

Standard	Kategorie				Beschreibung
$EFQM^{®50}$	QM		X		Qualitätsmanagement basierend auf Total Quality Management
IDW PS 330	ITG		X		Anforderungen des IDW an ITG
$ISO^®$ 9000, 9001	QM		X		Qualitätsmanagement
$ISO^®/IEC$ 15408	SichM		X		Norm für Bewertungskriterien für IT-Sicherheit
$ISO^{®51}/IEC^{52}$ 15504	Prozessreife			X	Auch: $SPICE^{53}$; Reifegradmodell für Softwareentwicklungsprozesse
$ISO^®/IEC$ 20000	SM	X			$ISO^®$-Standard für IT-Servicemanagement, basiert auf $ITIL^®$
$ISO^®/IEC$ 27000	SichM[54]		X		Normenreihe zur IT-Sicherheit
IT-Grund-schutz	SichM		X		Katalog mit Umsetzungsratschlägen zu IT-Sicherheit
$ITIL^{®55}$	SM[56]	X			Prozessmodell für IT-Prozesse
MOF^{57} IBM^{58} IT PM^{59} HP^{60} $ITSM^{61}$	SM	X			Herstellerspezifische Leitfäden für das IT Service Management
PRINCE ®62 2	PM^{63}		X		Prozessmodell für das Projektmanagement

---

[50] EFQM® ist ein eingetragenes Warenzeichen der und Abkürzung für European Foundation for Quality Management
[51] ISO® ist ein eingetragenes Warenzeichen der und Abkürzung für International Standardisation Organisation
[52] International Electrotechnical Commission
[53] Software Process Improvement and Capability Determination
[54] Sicherheitsmanagement
[55] Information Technology Infrastructure Library
[56] Service Management
[57] Microsoft Operations Framework
[58] International Business Machines Corporation
[59] Process Model
[60] Hewlett Packard
[61] IT Service Management
[62] Projects in controlled environments; PRINCE® ist ein eingetragenes Warenzeichen des Cabinet Office.
[63] Projektmanagement

Val IT[64]	ITG		X		Geschäftszielorienter IT-Einsatz

Tabelle 2: Übersicht über verschiedene Normen und Referenzmodelle im Kontext der IT-Revision[65]

5.2 Auswahlkriterien

In den folgenden Kapiteln werden zwei Leitfäden (nach Zusammenlegung der ISACA-Leitfäden sind einige obsolet) für den Bereich IT-Governance vorgestellt und verglichen. Die Konzentration auf diese Leitfäden erfolgt aus drei Gründen:

1. Die IT-Revision erfolgt in den USA oft auf Basis von COBIT (wie bereits ausgeführt, ebenso Studie der Universität Antwerpen[66]), die Hintergründe hierzu werden im Folgenden erläutert.

2. Die IDW-Standards sind, wie bereits ausgeführt, in Deutschland für Wirtschaftsprüfer de facto verpflichtend.

3. Einige der übrigen Leitfäden mit „Prüfzielen" (wie Val IT) sind inzwischen von den anderen integriert worden (COBIT 5), oder deren Themenbereiche wie das Sicherheitsmanagement sind Teil des Prüfungsleitfadens (IDW).

Um zu vergleichen, ob grundsätzliche Unterschiede im deutschen und US-Amerikanischen Verständnis von IT-Revision und IT-Governance bestehen, wurde jeweils der bedeutendste Vertreter des jeweiligen Landes ausgewählt.

Die Bedeutung von COBIT® leitet sich unter anderem aus der Nähe zu COSO her: der strukturelle Aufbau von COSO entspricht dem von COBIT®[67] (Vgl. Abbildung 3) COSO wird von der PCAOB zur Umsetzung des wichtigsten US-Amerikanischen Gesetzes zur CG, dem SOA, empfohlen[68]. COBIT® gilt als ein weit verbreitetes Modell zur Umsetzung des SOA[69], als „exzellentes Werkzeug für IT-Revisoren"[70] und das „international anerkannte Framework"[71] eine „gute Grundlage für IT-Compliance und IT-Governance" (ebenda).

---

[64] In COBIT® 5 eingegangen
[65] Erstellt entlang Johannsen und Goeken 2011, S. 26 und S. 257
[66] Erik Guldentops 2008; zu berücksichtigen: E. Guldentops als Co-Autor war zum Zeitpunkt der Studie Mitglied des ITGI
[67] Moeller 2013, S. 84
[68] Gelinas und Dull 2010, S. 263
[69] Moeller 2013, S. 84 und Tuttle und Vandervelde 2007, S. 241
[70] Adler et al. 2008, S. 331
[71] Strasser und Wittek 2012, S. 42

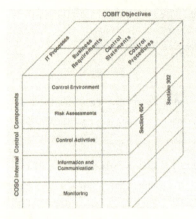

Abbildung 3: Mapping von COSO-Komponenten und COBIT-Zielen (Moeller 2013, S. 84)

Eine Studie des ITGI aus 2007 zeigte, dass 51% der Befragten COBIT® kennen, 32% der Befragten COBIT® einsetzen[72] und COBIT® der bekannteste IT-Governance-Leitfaden ist. Es ist zu berücksichtigen, dass das ITGI ein eigenes Interesse an hohen Ergebnissen haben könnte, zum anderen die Zahl derer, die IT-Governance nutzen auch dadurch beeinflusst wird, ob das jeweilige Unternehmen rechtlichen Verpflichtungen hierzu unterliegt.

Zudem muss beachtet werden, dass die ISACA als Entwickler und Herausgeber von COBIT® von Mitarbeitern der vier großen Wirtschaftsprüfungsgesellschaften KMPG, PWC, Ernst & Young sowie Deloitte Touche Tohmatsu dominiert wird[73]. Dies könnte dazu führen, dass die Verbreitung COBIT® zum einen von den Wirtschaftsprüfern gefördert wird.

5.3 Controlled Objectives for IT and Related Technologies (COBIT®)

COBIT® ist ein 1993 von der ISACA [74] entwickelter und seit 2000 vom ITGI [75] weiterentwickelter Leitfaden zur IT-Governance. COBIT® wurde in Anlehnung an das „Internal Control-Integrated Framework" des COSO entwickelt, einem Leitfaden des Corporate Governments und Risikomanagements, das von der US-Amerikanischen

---

[72] IT governance global status report 2008
[73] Ulrich Frank, S. 11
[74] Information Systems Audit and Control Association
[75] Information Technology Governance Institute

Börsenaufsicht SEC [76] als internes Kontrollmodell zur Schaffung der Compliance-Forderungen des SOA anerkannt worden ist.

Abbildung 4: COBIT® 5 Prinzipien (aus: COBIT® 5 2012, S. 2)

Die fünf Prinzipien von COBIT® 5 sind[77]:

1. Erfüllung der Anforderungen der Anspruchsgruppen: um dem Unternehmenszweck gerecht zu werden, soll COBIT® auf die jeweiligen Unternehmensziele angepasst werden können.

2. Abdeckung des Gesamtunternehmens: die IT-Governance soll in die Corporate Governance integrierbar sein.

3. Anwendung eines einheitlichen, integrierten Leitfadens: COBIT® 5 nimmt für sich in Anspruch, alle bisher von der ISACA veröffentlichten Leitfäden in sich zu vereinigen: COBIT®, Val IT, Risk IT, Business Model for Information Security, IT Assurance Framework.

4. Ermöglichen eines ganzheitlichen Ansatzes: die verschiedenen, in einem Unternehmen interagierenden Elemente (Richtlinien, Prozesse, Organisationsstrukturen, Kulturen, Informationen, Anwendungen, Mitarbeiter) sollen berücksichtigt und in einen gemeinsamen Kontext gesetzt werden.

---

5. Unterscheidung zwischen Governance und Management. COBIT® versteht beide als voneinander verschiedene Disziplinen: Governance gibt die Richtung vor, Management sorgt für die praktische Umsetzung.

COBIT® sieht IT-Prozesse als Domäne, der bestimmte Prozesse mit den jeweiligen Aktivitäten zugeordnet sind (Vgl. Abbildung 5: COBIT®-Cube (COBIT® 4.1 2007)). Zur deren Umsetzung kommen die IT-Ressourcen Anwendungen, Informationen, Infrastruktur und Personal zum Einsatz. Für beide Bereiche – IT-Prozesse und IT-Ressourcen – gelten die Informationskriterien Effektivität, Effizienz, Vertraulichkeit, Integrität, Verfügbarkeit, Compliance und Verlässlichkeit.

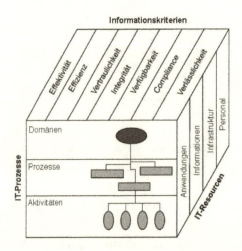

Abbildung 5: COBIT®-Cube (COBIT® 4.1 2007)

COBIT® ist seit Ende 2012 in der Version 5 verfügbar. Die wesentliche Änderung zur Version 4.1, die seit 2007 aktuell war, ist, dass zu COBIT® ein „Prozessfähigkeitsmodell", basierend auf dem Reifegradmodell der Norm ISO®/IEC 15504 (SPICE), hinzugefügt worden ist[78]. Ein Reifegradmodell gab es bereits in Version 4.1; der Unterschied liegt in unterschiedlichen Bezeichnungen und Bedeutungen der Reifegradstufen (diese seien jetzt schwieriger zu erreichen und nicht vergleichbar) und anderen Bewertungskriterien. Beides führt zu weniger redundanten und stärker ergebnisorientierten Prozessbeschreibungen (basierend auf Comparing COBIT® 5 and COBIT® 4.1 2012).

---

[78] Bernard und Chittenden 2012, S. 88

Dieses Prozessfähigkeitsmodell soll es ermöglichen, die Prozesse einer Unternehmens-IT gegen die 37 Modellprozesse (vgl. Abbildung 6: Die 37 Prozesse COBITs® (COBIT® 5 2012)) zu vergleichen und die Gesamt-Prozessfähigkeit der IT z.B. für Berichte an Stakeholder oder in Jahresberichten zu verwenden. Dies ist besonders als Mittel einer Corporate Governance-Bewertung im Jahresabschluss interessant als auch vor dem Hintergrund, dass Schirmbrand[79] die IT-Prozesse europäischer Unternehmen für „oftmals wiederholbar [...], aber in der Regel nicht oder nur selten dokumentiert und kommuniziert" hält.

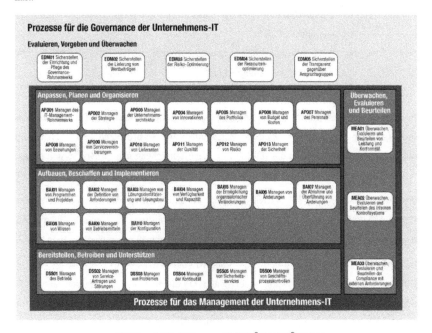

Abbildung 6: Die 37 Prozesse COBITs® (COBIT® 5 2012)

Der Schwerpunkt von COBIT® verschob sich mit den verschiedenen Versionen von einem „IT Audit and Control Framework"[80] (COBIT® Version 2) zu einem „IT Governance Framework" (ebenda; COBIT® Version 4.1), das in Version 4.1 noch zusätzlich um einen Risikomanagement-Leitfaden (ISACAs Risk IT) und einen Leitfaden zur Bewertung von IT-Investitionen (ISACAs Val IT 2.0) ergänzt wurde. Mit Version 5 versucht die ISACA, alle drei Werke in einem einzigen zu vereinen (ebenda).

[79] Schirmbrand 2004
[80] Comparing COBIT® 5 and COBIT® 4.1 2012

5.4 Standards des Instituts Deutscher Wirtschaftsprüfer

Das IDW veröffentlicht zwei wichtige Richtlinien zur IT-Revision:

1. IDW RS FAIT:

    a. Nr. 1: „Grundsätze ordnungsgemäßer Buchführung bei Einsatz von Informationstechnologie"

    b. Nr. 2: „Grundsätze ordnungsgemäßer Buchführung bei Einsatz von eCommerce"

    c. Nr. 3: „Grundsätze ordnungsgemäßer Buchführung bei Einsatz elektronischer Archivierungsverfahren"

    d. Nr. 4: „Grundsätze ordnungsgemäßer Konzernrechnungslegung bei Einsatz von Informationstechnologie"

2. IDW PS 330: „Abschlussprüfung beim Einsatz von Informationstechnologie"

Die Bedeutung der Standards in Deutschland ist wie eingangs erläutert darin begründet, dass die Regelungen des IDW für Deutsche Wirtschaftsprüfer verpflichtend sind[81]. Hier wird zukünftig interessant sein, wie das IDW auf die Veröffentlichung von COBIT® 5 und dessen Universalanspruch für das CG reagieren wird.

Der Prüfungsstandard PS 330 bezieht sich auf die Erfordernisse des Handelsgesetzbuchs (§238ff, §257) sowie des Steuerrechts (§§140-147 Abgabenordnung)[82]. Ziel ist zu überprüfen, ob die IT, die zur Rechnungslegung genutzt wird, ordnungsgemäß und sicher betrieben wird.

Das Prüfobjekt IT-System wird in diesem Standard durch die IDW RS FAIT weiter gefasst: nicht nur Hardware und Software, sondern alle für die Rechnungslegung relevanten IT-gestützten Prozesse bis hin zu den Räumlichkeiten, in denen die IT betrieben wird[83], werden beleuchtet. Es werden alle unternehmenskritischen IT-Systeme in die Prüfung einbezogen und deren Risiken für das Unternehmen bewertet.

Es ergeben sich drei Prüfungsebenen (wobei nur die für die Rechnungslegung relevanten Elemente berücksichtigt werden), die im Rahmen der IDW PS 330-Revision auf Ordnungsmäßigkeit und Sicherheit geprüft werden (vgl. Abbildung 7: Systemprüfung nach IDW PS 330 (Quelle: Schirmbrand 2004):

1. IT-Infrastruktur (Hardware, Betriebssoftware, Räume, Netzwerke, etc.)

2. IT-Anwendungen (Anwendungssoftware)

---

[81] Schirmbrand 2004
[82] IT AUDIT GmbH Wirtschaftsprüfungsgesellschaft 2011
[83] Bundesamt für Sicherheit in der Informationstechnik (BSI) 2009

3. IT-Geschäftsprozesse (Datensicherung)

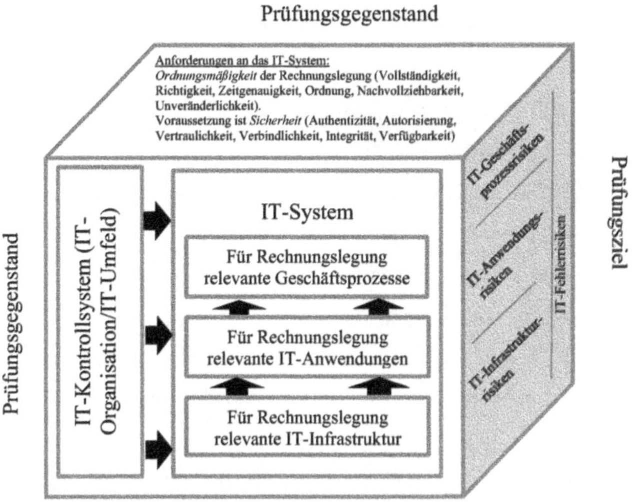

Prüfungsgegenstand

Abbildung 7: Systemprüfung nach IDW PS 330 (Quelle: Schirmbrand 2004)

Zur Prüfung des internen Kontrollsystems der IT auf seine Wirksamkeit hin werden folgende Prüfschritte durchlaufen[84]:

- Berücksichtigung des IT-System als Prüfungsobjekt
- Überprüfung der Umsetzung des IT-Kontrollsystems
- Bewertung der Wirksamkeit des IT-Kontrollsystems

Im Anschluss bewertet der Wirtschaftsprüfer die Wirksamkeit des internen Kontrollsystems der IT und stellt die Fehlerrisiken heraus.

5.5 Vergleich dieser Standards

Beide Werke beziehen sich in Ihrem Verständnis des IKS auf das Werk der COSO, das sich als „weltweite Referenz zur Einrichtung und Bewertung interner Kontrollsysteme zum Management der Risiken im Unternehmen etabliert hat" (Falk 2012, S. 60). Darüber hinaus nimmt COBIT® auf den International Standard of Auditing (ISA) als Audit-Referenz Bezug (IT assurance guide 2007, S. 22), den die IDW für ihre Richtlinien, wie bereits ausgeführt, mitunter wörtlich übernimmt.

---

[84] Schirmbrand 2004

Beide Leitfäden sind sehr ähnlich aufgebaut: beide sind schematisch in „Würfeln" dargestellt[85], und die Informationskriterien COBIT®s (Verfügbarkeit, Vertraulichkeit, usw.) sind die Prüfungskriterien des IDW-Würfels. Einzig führt das IDW diese noch weiter aus, indem es Authentizität, Nachvollziehbarkeit und Verbindlichkeit als Grundwerte eines gesicherten Jahresabschlusses hinzufügt[86].

Im IDW-Würfel fehlen die COBIT®-Kriterien Effektivität, Effizienz, Compliance und Verlässlichkeit, was darauf zurückzuführen sein kann, dass COBIT® auch die Prozessverbesserung zum Ziel hat, während der Standard der Wirtschaftsprüfer sich auf die Korrektheit des jeweiligen Abschlusses konzentriert.

Folgerichtig ist auch der COBIT®-Bereich der IT-Prozesse beim IDW-Modell anders gestaltet, hier wird der Fokus auf den Prüfungsgegenstand, das IKS und dessen Prüfungsobjekt, das IT-System, gelenkt. Die Analyse von Domänen, Prozessen und Aktivitäten tritt in den Hintergrund, die Korrektheit und Wirksamkeit des IKS muss gewährleistet sein (Vgl. auch die SOA-Anforderung diesbezüglich).

Die Würfelseite der IT-Ressourcen des COBIT®-Würfels wird ebenfalls entsprechend angepasst, hier rücken die Risiken der Ressourcen in den Vordergrund, sie werden zum Prüfungsziel.

Mit den weiteren Elementen des Leitfadens der IDW, den FAIT, trägt das IDW den Grundsätzen der ordnungsgemäßen Buchführung beim Einsatz von Informationstechnologie Rechnung. Da der Fokus von COBIT® jedoch nicht der stark betriebswirtschaftlich geprägte Prüfungsteil ist, findet dieser sich dort auch nicht wieder.

Beim Audit wird der IDW-Standard anhand von Checklisten geprüft. Zwar hat diese Vorgehensweise den Vorteil der standardisierten Prüfung, allerdings scheint eine Vergleichbarkeit der Ergebnisse schwierig, da die Prüfobjekte die Anforderungen unterschiedlich gut umsetzen können. Diesem Problem trägt COBIT® wiederum seit Version 4.1 Rechnung, in dem mit dem Reifegradmodell ein Grundsatz geschaffen worden ist, nicht nur binäre Bewertungen zuzulassen. Offenbar ist sich die ISACA der Bedeutung dieses Problems bewusst, da mit dem SPICE-basierten Prozessreifemodell in COBIT® 5 ein weiter verbessertes Bewertungsmodell eingeführt worden ist.

---

[85] Vergleich Abbildung 5: COBIT®-Cube (COBIT® 4.1 2007) und Abbildung 7: Systemprüfung nach IDW PS 330 (Quelle: Schirmbrand 2004)
[86] Falk 2012

Zusammenfassend lässt sich sagen, dass COBIT® das Bindeglied zwischen den betriebswirtschaftlichen Kontrollanforderungen von COSO und den Service Management-Modellen wie ITIL®, MOF, u.v.a. ist, und dabei die Erfordernisse der einschlägigen Rechtsvorschriften an das IKS für die IT, allen voran dem Sarbanes-Oxley-Act (und dem deutschen Pendant KonTraG), berücksichtigt[87].

---

[87] Rath und Sponholz 2009

6   Nutzenbetrachtung von IT-Revision

Compliance ist die Einhaltung von Normen, Gesetzen und unternehmensinterner Regeln. Die IT-Revision prüft die Unternehmensprozesse auf Einhaltung dieser Normen, Gesetze und Regeln, prüft die Eignung des internen Kontrollsystems zur Kontrolle dieser Vorgaben und trifft Aussagen zur Wirtschaftlichkeit der IT[88].

Der Nutzen von IT-Revision kann in zwei Kategorien eingeteilt werden (entlang Amberg et al. 2009, S. 55):

- *Indirekter Nutzen* durch Vermeidung von Non-Compliance, die zu Strafen für das Unternehmen und seiner Führungskräfte führen kann (vgl. die vorgesehen Strafen im Sarbanes-Oxley-Act) oder zu Schäden für das Unternehmen durch die Veröffentlichung von z.b. Sicherheitslücken, die einen negativen Einfluss auf Ruf oder Aktienkurs des Unternehmens haben können.

- *Direkter Nutzen* durch Aufdeckung von Ineffizienzen in IT-Prozessen, deren Behebung zu Kostensenkungen führen können oder durch Kommunikation von Potentialen, durch deren Umsetzung das Unternehmen Wettbewerbsvorteile erlangen könnte.

Eine Wirtschaftlichkeitsbetrachtung der Compliance-Bemühungen der IT-Revision gestaltet sich wegen dieser ungenauen und vielfältigen Bedrohungslage sowieso den umfangreichen Kostenfaktoren   schwierig und die Ergebnisse entsprechender Studien sind deshalb umstritten[89].

Ein Grund hierfür mögen unklare Kostenzuordnungen sein, so wird der ordnungsgemäße Betrieb der IT sicherlich nicht nur dem Willen zur Erfüllung z.B. des Sarbanes-Oxley-Acts geschuldet sein, sondern zumindest teilweise im Eigeninteresse der IT-Verantwortlichen liegen. Welche Kosten hiervon der Compliance zugeordnet werden können, und welche auch ohne den Willen zur Compliance entstanden wären, erscheint nicht eindeutig bestimmbar.

Die entstehenden Kosten, die direkt mit der IT-Compliance in Bezug gesetzt werden können, sind z.B. die der IT-Revisionsabteilung selbst (Mitarbeiterkosten, Schulungskosten, u.v.a.), jene für externe Betreuung (z.B. Beratungsunternehmen) oder Audit-/Zertifizierungskosten.

---

[88] Knoll 2013
[89] Amberg et al. 2009

Theoretisch ließe sich der Nutzen der IT-Revision und der damit in Zusammenhang stehenden Compliance wie folgt berechnen[90]:

Nutzen von Compliance

Abzgl. Kosten von Non-Compliance

Abzgl. Kosten von Compliance

Einer empirischen Studie von Krimmer[91] zufolge wurden 217 Unternehmen mit mehr als fünf Milliarden US-Dollar Umsatz dazu befragt, welche Kosten für die Compliance auf den für die IT hauptsächlich relevanten Abschnitt 404 des Sarbanes-Oxley-Gesetz entstanden sind. Durchschnittlich seien hierfür 4,36 Millionen US-Dollar zumeist für Beratungs- und Prüfungskosten angefallen, jedoch gewinnt man den Eindruck, dass man sich hier auf die direkten Kosten beschränkt hat.

Ob die Kosten den Nutzen der IT-Revision und IT-Compliance überwiegen wird in der Literatur unterschiedlich bewertet[92]. Krimmers Erhebungen[93] zufolge würden die Compliance-Kosten die gewonnenen Vorteile übersteigen.

Zusammenfassend lässt sich sagen, dass die Notwendigkeit von IT-Revision nicht in Frage gestellt wird, da gerade die Einhaltung von externen Normen und Gesetzen für die Unternehmen alternativlos scheint, zumal deren Nicht-Einhaltung durch die verpflichtenden Wirtschaftsprüfungen und Berichterstattungen verfolgt wird und entsprechende Strafen nach sich zieht. Dennoch scheint es aufgrund der vagen Möglichkeit zur Einschätzung von Strafen und anderen Folgen schwierig, eine Kosten-Nutzen-Analyse für die IT-Revision anzufertigen. Die Studie von Kremmer (a.a.O.) wird durch die ausschließliche Berücksichtigung tatsächlich entstandener Kosten einer realen Kosten-Nutzen-Bewertung der IT-Revision kaum gerecht.

---

[90] Amberg et al. 2009, S. 54
[91] Krimmer 2005, S. 56
[92] Amberg et al. 2009, S. 57
[93] Krimmer 2005, S. 126

7 Abschlussbetrachtung

Das Ziel des IT-Einsatzes im Unternehmen ist die Unterstützung der Unternehmensprozesse und möglichst die Schaffung von Wettbewerbsvorteilen[94]. Hierbei gilt es, den Risiken, die sich aus der stetig wachsenden IT-Durchdringung von Unternehmensprozessen ergeben, angemessen zu begegnen.

Die Umsetzung der externen, z.B. gesetzlichen Vorgaben (z.B. SOA für IKS und Unternehmensabschlüsse) hierzu kann durch entsprechende best-practise-Leitfäden erfolgen. Deren Vorteil besteht darin, dass diese allgemein bekannt, anerkannt und prüfungsbewährt sind.

Die interne Revision setzt sich die Überprüfung der korrekten Umsetzung gesetzlicher Vorgaben zum Ziel. Hauptaugenmerk liegt hierbei auf den Anforderungen des SOA und des für Deutschland geltenden vergleichbaren KonTraG, da sich aus Verstößen gegen diese die schwerwiegendsten Folgen für das Unternehmen ergeben. Die IT-Revision ist als eigenständiger Teil dieses Unternehmensbereichs anerkannt, da dessen Aufgaben und Anforderungen sich zu sehr von denen klassischer Wirtschaftsprüfer unterscheiden und die Bedeutung der IT für das Unternehmen allgemein anerkannt wird.

Wie weiter ausgeführt wurde bestehen zwischen deutschen und US-Amerikanischen Leitfäden aufgrund der Ähnlichkeit der zugrunde liegenden Gesetze nur wenige Unterschiede.

Die Bedeutung der IT-Revision und des zugrunde liegenden Gebiets der IT-Governance wird mit der zukünftigen verstärkten Nutzung der IT weiter steigen. Der monetäre Nutzen ergibt sich aus der Vermeidung von Kosten durch Nicht-Compliance (Strafen), darüber hinaus durch Vorteile aus aufgedeckten und behobenen Ineffizienzen und Risiken. Hier besteht für die IT-Revision die Chance, nicht nur als Prüfbereich des Unternehmens zu agieren (wie im IDW-Standard vorgesehen), sondern auch zur Prozessverbesserung und Kostensenkung des Unternehmens beitzutragen. Dies mag mit dem COBIT®-Leitfaden besser umsetzbar sein, nicht zuletzt durch die Verbindung zu den Service Management-Standards wie ITIL.

Auffallend ist, dass Praktikerliteratur COBIT® eher positiv bewertet, z.B. indem COBIT® als einer der besten verfügbaren Leitfäden für die praktische Umsetzung dargestellt wird[95]. Allerdings sind gerade in diesem Themenbereich eine beachtliche Anzahl Autoren selbst Wirtschaftsprüfer und ISACA- oder ITG-Mitglieder, bei denen ein geschäftliches Interesse

---

[94] Pathak 2005
[95] Schirmbrand 2004, S. 165

zumindest in Betracht gezogen muss. Dem gegenüber steht in Anzahl deutlich weniger akademische Literatur, in denen COBIT® deutlich öfter kritisch betrachtet wird, z.B. „COBIT and its Utilization: A framework from the literature"[96]. Wesentliche Kritikpunkte sind die geringe Anzahl empirischer Untersuchungen zur Verwendung COBITs®, die geringe Zahl Studien über die tatsächliche Implementierung und deren Erfolg, sowie die besonders für kleine Unternehmen zu hohe Komplexität und Detaillierung[97].

Kritikpunkte gegen beide Leitfäden (und alle anderen ähnlich aufgebauten Auditschemata) in Bezug auf deren Eignung für die IT-Revision ist deren Checklisten-basiertes Auditschema (Antwortmöglichkeiten: „ja", „nein", „nicht anwendbar") Dies kann die Qualität der Auditergebnisse sehr stark von der Erfahrung des Auditors abhängig werden lassen. So könnten unerfahrene oder schlecht qualifizierte Auditoren sich dazu verleiten lassen, nicht die Prozesse selbst zu analysieren, sondern das Audit an den Checklisten orientiert durchzuführen. Dies kann dazu führen, dass die wesentlichen Gedankengänge hinter den Auditfragen nicht hinterfragt und angewandt werden[98]. Gerade dieses Hinterfragen aber könnte den realen Grad der Compliance zeigen und entsprechende Verbesserungsmaßnahmen ermöglichen.

Ob das Reifegradmodell in COBIT® 5 hierzu einen Lösungsansatz für der Praxis darstellen kann bleibt abzuwarten. Ebenso ist unklar, ob die (in Deutschland) parallel existierenden Standards weiterhin bestehen bleiben, und ob das IDW in Bezug auf die Checklisten-Kritik in der nächsten Version nachbessert.

Zusammenfassend zeigt sich, dass die derzeit verbreitetsten Leitfäden als Grundlagen für IT-Revisionen nicht ausnahmslos als bestmögliche Unterstützung hierzu gesehen werden. Das kann dazu führen, dass der reale Compliance-Grad nicht wirklich erkannt wird und die Ziele der IT-Revision verfehlt werden. In diesem Zusammenhang kann der Term „Referenzmodell", der häufig im Zusammenhang mit z.B. COBIT genannt wird, durchaus irreführend sein.

Weitere Kritikpunkte an COBIT® begründen sich darin, dass der Leitfaden für kleine und mittelgroße Unternehmen überdimensioniert sei und deshalb mehr Kosten als nötig für Compliance entstehen können.

---

[96] Ridley et al. 2004
[97] Moeller 2013, S. 82 (allerdings wiederum Praktikerliteratur)
[98] Moeller 2005, S. 324

Abkürzungsverzeichnis

AICPA	American Institute of Certified Public Accountants
AS	Audit Standard
CG	Corporate Goverance
CMMI	Capability Maturity Model Integration
COBIT®	Controlled Objectives for Information and related Technology
COSO	Committee of Sponsoring Organizations of the Treadway Commission
EFQM	European Foundation for Quality Management
FAIT	Fachausschuss für Informationstechnologie
FAMA	Fachausschuss für moderne Abrechnungssysteme
GDPdU	Grundsätze zum Datenzugriff und zur Prüfbarkeit digitaler Unterlagen
GoBS	Grundsätze ordnungsmäßiger DV-gestützter Buchführungssysteme
HP	Hewlett Packard
IAS	International Accounting Standard
IBM	International Business Machines Corporation
IDW	Institut Deutscher Wirtschaftsprüfer
IDW RS	Institut Deutscher Wirtschaftsprüfer, Stellungnahme zur Rechnungslegung
IEC	International Electrotechnical Commission
IKS	Internes Kontrollsystem
IS	Informationssystem
ISA	International Standard of Auditing
ISACA	Information Systems Audit and Control Association
ISO®	International Standardisation Organisation
IT	Information Technology
ITG	IT-Governance

ITGI	Information Technology Government Institute
ITIL®	Information Technology Infrastructure Library
ITSM	IT Service Management
KonTraG	Gesetz zur Kontrolle und Transparenz im Unternehmensbereich
MOF	Microsoft Operations Framework
PCAOB	Public Company Accounting Oversight Board
PM	Projektmanagement
	Process Model
PRINCE®	Projects in Controlled Environments
PS	Prüfungsstandard
QM	Qualitätsmanagement
SAS	Statement of Accounting Standards
SichM	Sicherheitsmanagement
SM	Service Management
SOX	Sarbanes-Oxley-Act
SPICE	Software Process Improvement and Capability Determination

Literaturverzeichnis

Definition » Prüfung « | Gabler Wirtschaftslexikon. Online verfügbar unter http://wirtschaftslexikon.gabler.de/Definition/pruefung.html, zuletzt geprüft am 28.04.2013.

Definition » Revision « | Gabler Wirtschaftslexikon. Online verfügbar unter http://wirtschaftslexikon.gabler.de/Definition/revision.html, zuletzt geprüft am 27.04.2013.

COBIT® 4.1. Framework, control objectives, management guidelines, maturity models (2007). Rolling Meadows, IL: IT Governance Institute.

IT assurance guide. Using COBIT® (2007). Rolling Meadows, Ill: IT Governance Institute.

IT governance global status report 2008 (2008). Rolling Meadows, Ill: IT Governance Institute.

IT AUDIT GmbH Wirtschaftsprüfungsgesellschaft (2011). Online verfügbar unter http://www.it-audit.com/downloads/task,doc_download/gid,141/Itemid,25/, zuletzt aktualisiert am 22.09.2011, zuletzt geprüft am 21.05.2013.

COBIT® 5. Rahmenwerk für Governance und Management der Unternehmens-IT (2012). Rolling Meadows, IL: IT Governance Institute.

Praxis der Internen Revision. Management, Methoden, Prüffelder (2012). Berlin: Schmidt. Online verfügbar unter http://www.compliancedigital.de/978-3-503-13687-2.

Adler, Astrid (2009): Interne Revision aktuell. Berufsstand 07/08 ; Prüfungsansätze und -methoden. Berlin: Erich Schmidt Verlag (DIIR-Forum, 7). Online verfügbar unter http://site.ebrary.com/lib/alltitles/docDetail.action?docID=10628426.

Amberg, Michael; Walser, Marina; Mossanen, Kian (2009): Vorteile und Herausforderungen IT-gestützter Compliance-Erfüllung. Wirtschaftlichkeit von IT-Risk-Management-Lösungen zur Sicherstellung der Erfüllung von Compliance-Anforderungen. Hg. v. Novell Inc Friedrich-Alexander-Universität Erlangen-Nürnberg. Erlangen. Online verfügbar unter http://www.wi3.uni-erlangen.de/fileadmin/Dateien/Forschung/Studie_Compliance_Print_Version.pdf, zuletzt aktualisiert am 16.10.2007, zuletzt geprüft am 30.05.2013.

Bernard, Pierre; Chittenden, Jane (2012): COBIT® 5. A management guide. 1. Aufl. Zaltbommel: Van Haren Publishing (Best practice).

Berwanger, Jörg; Kullmann, Stefan (2012): Interne Revision. Funktion, Rechtsgrundlagen und Compliance. 2. Aufl. 2012. Wiesbaden: Springer Fachmedien Wiesbaden; Imprint: Springer Gabler (SpringerLink : Bücher).

Bundesamt für Sicherheit in der Informationstechnik (BSI) (2009): Informationssicherheit. Online verfügbar unter https://www.bsi.bund.de/SharedDocs/Downloads/DE/BSI/Grundschutz/Hilfsmittel/Doku/studie_ueberb lick-standards.pdf?__blob=publicationFile, zuletzt aktualisiert am 06.07.2009, zuletzt geprüft am 21.05.2013.

Comparing COBIT® 5 and COBIT® 4.1 (2012). Hg. v. ISACA. Online verfügbar unter http://www.isaca.org/Search/Pages/DefaultResults.aspx?k=COBIT®%205%20and%20GRC&s=Site%20C ontent&start1=0&ct=Site&cs=Search&scopes=People,Site%20Content,Conversations, zuletzt geprüft am 21.05.2013.

Falk, Michael (2012): IT-Compliance in der Corporate Governance. Anforderungen und Umsetzung. Wiesbaden: Gabler Verlag (SpringerLink : Bücher).

Ferstl, Otto K. (2005): Wirtschaftsinformatik 2005. EEconomy, eGovernment, eSociety ; mit 118 Tabellen ; [... 7. Internationale Tagung Wirtschaftsinformatik 2005 (WI2005), die vom 23. - 25. Februar 2005 an der Universität Bamberg stattfindet]. Heidelberg: Physica-Verl. (SpringerLink: Springer e-Books).

Fröhlich-Bleuler, Gianni (2007): IT-Verträge. Bern: Stämpfli.

Fröschle, Hans-Peter (2006): IT-Governance. Aufgaben des IT-Managements, COBIT® und andere Frameworks, Organisationsmodelle, Architekturmanagement, Projektportfolio-Management, IT-Governance in Kommunen, SOX-Compliance, Change-Management, IT-Sourcing-Governance. Heidelberg: dpunkt-Verl. (HMD, 250).

Gelinas, Ulric J.; Dull, Richard B. (2010): Accounting information systems. 8. Aufl. Australia, Mason, Ohio: South-Western/ Cengage Learning.

Guldentops, Eric; De Haes, Steven (2008): CobiT3 Usage Survey - Growing acceptance of CobiT. Hg. v. University Antwerpen Management School - IT Alignment and Governance Research Institute. Online verfügbar unter http://www.antwerpmanagementschool.be/media/287455/Cobit%203rd%20edition.pdf, zuletzt aktualisiert am 11.03.2008, zuletzt geprüft am 28.05.2013.

Heinrich, Lutz Jürgen; Stelzer, Dirk (2009): Informationsmanagement. Grundlagen, Aufgaben, Methoden. 9. Aufl. München: Oldenbourg (Lehrbuchreihe Wirtschaftsinformatik).

IT Governance Institute (2004): IT Governance für Geschäftsführer und Vorstände. IT Governance Institute. o.O. Online verfügbar unter http://www.itgi.org/Template_ITGI64fc.pdf, zuletzt aktualisiert am 16.08.2004, zuletzt geprüft am 04.05.2013.

Johannsen, Wolfgang; Goeken, Matthias (2011): Referenzmodelle für IT-Governance. Methodische Unterstützung der Unternehmens-IT mit COBIT®, ITIL® & Co. 2. Aufl. Heidelberg: dpunkt-Verl.

Junker, Horst; Gómez, Jorge Marx; Odebrecht, Stefan (2010): IT-Controlling. Strategien, Werkzeuge, Praxis. Berlin: Erich Schmidt Verlag. Online verfügbar unter http://site.ebrary.com/lib/alltitles/docDetail.action?docID=10628697.

Krimmer, Peter (2005): Sarbanes Oxley compliance. Identifying gains and costs for European companies. Saarbrücken: VDM, Müller.

Klinger, Michael A.; Klinger, Oskar (2009): Das interne Kontrollsystem im Unternehmen. Checklisten, Organisationsanweisungen, Praxisbeispiele und Muster-Prüfberichte. 2. Aufl. München: Vahlen (Controlling competence).

Knoll, Matthias (2013): IT-Prüfung und IT-Revision. Ordnungsmäßigkeit der IT ; IT-Revision 3.0 ; computergestützte Prozessprüfung ; Wirtschaftlichkeit von Kontrollsystemen ; Kontrollen für die elektronische Archivierung ; Qualitätssicherung bei Zugriffsrechten ; digitale Betriebsprüfung. Heidelberg: dpunkt-Verl. (HMD - Praxis der Wirtschaftsinformatik, 289).

Krcmar, Helmut (2010): Informationsmanagement. 5. Aufl. Berlin, Heidelberg: Springer.

Krcmar, Helmut (2011): Einführung in das Informationsmanagement. Berlin, Heidelberg: Springer (Springer-Lehrbuch).

Kütz, Martin (2007): IT-Controlling. Heidelberg: dpunkt-Verl. (HMD, 254).

Lohre, Thomas (2009): Beitrag der Internen Revision zur IT-Compliance. In: Zeitschrift Interne Revision 44 (4), S. 179–189.

Moeller, Robert R. (2005): Brink's modern internal auditing. 6. Aufl. Hoboken, N.J: John Wiley & Sons. Inc.

Moeller, Robert R. (2013): Executive's guide to IT governance. Improving systems processes with service management, COBIT®, and ITIL® (Wiley corporate F&A series).

Moeller, Robert R. (2010): IT audit, control, and security. Hoboken, N.J: Wiley.

Pathak, Jagdish (2005): Information technology auditing. An evolving agenda. Berlin, New York: Springer.

34

Porter, Michael E. (1985): Competitive advantage. Creating and sustaining superior performance. New York, London: Free Press; Collier Macmillan.

Rath, Michael; Sponholz, Rainer (2009): IT-Compliance. Erfolgreiches Management regulatorischer Anforderungen. Berlin: Schmidt. Online verfügbar unter http://www.compliancedigital.de/978-3-503-12414-5.

Reinhard, Tim; Pohl, Lorenz; Capellaro, Hans-Christoph; Bäumer, Ulrich; Breithaupt, Joachim; Ewald, Konstantin et al. (2009): IT-Sicherheit und Recht. Rechtliche und technisch-organisatorische Aspekte für Unternehmen. s.l: Erich Schmidt Verlag. Online verfügbar unter http://www.gbv.eblib.com/patron/FullRecord.aspx?p=612402.

Ridley, Gail; Young, Judy; Carroll, Peter (2004). Hg. v. University of Tasmania. Online verfügbar unter http://www.computer.org/csdl/proceedings/hicss/2004/2056/08/205680233.pdf, zuletzt aktualisiert am 08.12.2003, zuletzt geprüft am 28.05.2013.

Schirmbrand, Michael (2004): Zeitgemässe Steuerung und Prüfung der IT. Ein Leitfaden für Betriebs- und Wirtschaftsprüfer sowie IT-Manager. Wien: Manz.

Schirmbrand, Michael (2012): IT Audit/IT Compliance. KPMG Advisory. o.O. Online verfügbar unter http://www.wu.ac.at/revision/lehre/master-fire/it_audit_wu_112012.pdf, zuletzt aktualisiert am 09.11.2012, zuletzt geprüft am 04.05.2013.

Schmidt, Klaus; Brand, Dirk (2011): IT-Revision in der Praxis. Nach den Grundsätzen einer ordnungsgemässen IT. München: Hanser.

Senft, Sandra (2013): Information technology control and audit. 4. Aufl. Boca Raton, FL: CRC Press.

Sowa, Aleksandra (2007): IT-Revision in der Bankenpraxis. In: HMD : Praxis der Wirtschaftsinformatik 44 (254), S. 82–93.

Strasser, Artur; Wittek, Michael (2012): IT-Compliance. In: Informatik Spektrum 35 (1), S. 39–44.

Strecker, Stefan; Kargl, Herbert (2009): Integrationsdefizite des IT-Controllings. In: Wirtsch. Inform. 51 (3), S. 238–248.

Tuttle, Brad; Vandervelde, Scott D. (2007): An empirical examination of COBIT® as an internal control framework for information technology (4). Online verfügbar unter http://www.acc.ncku.edu.tw/chinese/faculty/shulc/courses/cas/articles/Tuttle-empirical-examination.pdf, zuletzt geprüft am 23.05.2013.

Ulrich Frank, Stefan Strecker Heiko Kattenstroth David Heise: Wissenschaftliche Untersuchung zur "Integration der COBIT® und ITIL® Standards mit der Rahmenarchitektur IT-Steuerung Bund", zuletzt geprüft am 25.05.2013.

Weill, Peter; Woodham, Richard (2002): Don't just lead, govern. Implementing effective IT governance. [Cambridge, Mass.]: MIT Sloan School of Management (CISR WP, 326).